Spannendes
Erstlesebuch und Vorlesebuch

POLY

DER ACHTSAME DINO

Sinn&Unsinn
KINDERBÜCHER

Über die Autorin

Martha Wirtenberger ist leidenschaftliche Weltreisende. Außerdem schreibt sie ebenso leidenschaftlich Kinderbücher und Ratgeber für Erwachsene. Sie unterstützt Menschen in Einzelsitzungen, Kursen und mit peruanischen Methoden dabei, ein erfülltes und schönes Leben zu kreieren. In ihren schriftstellerischen Werken geht es um Lebensfreude, Traumerfüllung, Selbstheilung und Kraft.

Mehr zur Autorin unter:
www.martha-wirtenberger.at

ISBN Paperback: 978-3-949946-09-7
ISBN Hardcover: 978-3-949946-13-4
ISBN Ebook: 978-3-949946-10-3

Für Kritik und Anregungen schreiben Sie uns gerne eine Email an:
Schreiben@Sinn-und-Unsinn.org

INHALT

KAPITEL 1:

DER BEGINN EINER schönen FREUNDSCHAFT

Poly war kein gewöhnlicher Dinosaurier-Junge.

Er hatte eine Gabe, die andere Dinos nicht haben: Poly konnte nämlich fliegen.

An diesem Tag saß Poly wieder unter seinem Lieblings-Baum im Garten seiner Eltern. Er dachte an die vielen anderen Tiere draußen in der Welt. Vor gar nicht langer Zeit war Poly bei den Giraffen ganz weit weg in Afrika gewesen.

Plötzlich knisterte es in den Ästen über ihm.

„Au, aua, ohweia. Auuuu!" Mit einem Plumps landete ein kleiner Hamster direkt vor seinen großem Dino-Füßen.

„Auuuaa!", rief das kleine Etwas vor ihm und stöhnte kurz auf vor Schmerz. „Nanu, wer bist denn du?", fragte ihn Poly, und guckte das kleine Tier durch seine großen Dinoaugen an.

„Ohhh!", machte der kleine Hamster.

Er blickte ängstlich auf. „Also ich bin Wolli, der Hamster."
Poly lächelte dem kleinen Hamster zu. „Keine Angst, Wolli. Ich bin ganz zahm. Hier nennen mich alle Poly, den achtsamen Dino."

Die beiden Tiere guckten sich eine Weile an. Dann lachte Wolli auf einmal: „Weißt du, mich nennen alle den trolligen Wolli. Da ich manchmal stottere und oft auch vergesse, wie die Wörter heißen."

Poly hob den Hamster vorsichtig in seine Hand und brachte ihn ganz nah heran an seine Augen und schaute ihn eine Weile an. „Wolli, du bist sehr ehrlich und liebevoll. Das kann ich sehen."

Der kleine Hamster lächelte. „Das sagt meine Hamsterfamilie auch immer. Und meine Hamsterfreunde auch. Poly, was ist denn ein achtsamer Dino?"

Poly schloss seine Augen und dabei wurde er ganz grün. Denn Poly konnte seine Farbe ändern. Immer, wenn Poly glücklich war, wurde er ganz grün. Bei Freude gelb und bei Wut knallrot. Das passierte ganz von alleine.

„Ich höre genau zu, bin sehr lieb zu anderen und nehme mir immer Zeit, alles in Ruhe zu machen. Gerade jetzt und hier, in diesem Moment. Verstehst Du?

Gerade vorhin hab' ich hier unter meinem Wunschbaum gesessen und mir gewünscht, dass ich einen guten Freund habe, der mit mir gemeinsam die Welt erkunden kann.

Ich kann nämlich auch fliegen! Aber meistens fliege ich alleine durch die Welt.

Das habe ich mir gewünscht und dann bist Du direkt hier vor meinen Füßen gelandet." Wolli lachte.

„Du bist ja so lustig, Poly. Abeeeer, sag mir, Poly: Was heißt denn das mit dem äh...: im Moment sein?"

Der Wind wehte durch die Blätter des Baumes, unter dem die beiden gerade so friedlich saßen. Da wurde Wolli auf einmal etwas zappelig und fing an, hin und her zu rutschen.

„Hmmm... ich habe Hunger. Wo gibt es etwas zu essen?" Wolli schaute den Dinosaurier-Jungen mit großen Augen an.

Poly lachte: „Meine Mama bereitet bestimmt gerade das Essen zu. Im Moment zu sein heißt, sich nicht ablenken zu lassen. Also ganz bei dem zu bleiben, was man gerade jetzt tut.

Ohne dabei gleichzeitig etwas anderes zu tun."

„Ohhh, das ist aber schwiiierig." meinte Wolli. Dann dachte er kurz nach.

„Aber ich möchte das auch lernen. Denn meine Hamsterfamilie sagt, dass ich immer viel zu schnell bin. Ja und dann hab' ich gleich 1.000 Dinge, die ich alle sofort tun möchte."

Poly lachte. Da hatte er doch schon einen lieben neuen Freund! „Das ist ja auch schön, lieber Wolli. Alles ist gut, so wie es ist."
Der kleine Hamster dachte nach. Ja, da hatte der Dinojunge wohl recht. So kam es, dass Poly und Wolli Freunde wurden. „Wollen wir etwas essen?", fragte Poly.
„Au, ja!", rief der Hamster.
„Lass uns ganz doll im Moment sein und dabei ganz viel essen!" Poly lachte. „Okay, komm, gehen wir zu meiner Mama!"

KAPITEL 2:

DER AUSFLUG ZUM MEER

Poly und Wolli schliefen nebeneinander in Polys Zimmer. In dieser Nacht träumte Wolli vom Meer.

„Poly, euer Frühstück wartet. Zeit zum Aufstehen!" Die Dinomama schaute zur Tür herein zu den beiden schlafenden Freunden.

„Oh, danke, Dinomama! Ich habe so einen Hunger!" Wolli hüpfte von seinem weichen Schlaf-Kissen hinunter und lief sofort voller Freude in die Küche.

Poly lächelte. Sein neuer Freund Wolli war so aufgeregt und liebte es, zu essen.

Die beiden Freunde aßen ihre Beeren und tranken einen Saft. „Waaas machen wir heute, Poly?", fragte Wolli neugierig und hatte dabei noch ganz viele Beeren in seinem Mund.

„Jetzt frühstücken wir", antwortete Poly ruhig. Der kleine Hamster begann zu zappeln. „Ja, das weiß ich doch. Aber ich meine, danaaaaaach. Was machen wir denn danach?", wollte Wolli wissen.

Poly kaute ganz langsam und sein ganzer Körper verfärbt sich gelb. „Oooohhh... du bist ja so gelb wie die Sonne!", rief Wolli begeistert.

Poly lachte. „Ja, kleiner Hamster. Mein Sohn ändert seine Farbe. Immer wenn er sich freut, wird er ganz gelb", sagte die Dinomama. Wolli staunte. „Dann weiß ich ja immer, wie es dir geht", meinte er ganz vergnügt.

Die Dinomama und Poly lachten. „Wolli, was möchtest du denn heute machen?", fragte Poly den Hamster nach einer Weile. Er konnte sehen, wie aufgeregt der kleine Hamster war.

„Aaalso, ich möchte mit dir einen Ausflug machen, Poly." Wolli klatschte begeistert seine kleinen Pfoten aufeinander. „Gerne, Wolli."

Mit diesen Worten stand Poly auf, räumte sein Geschirr weg, bedankte sich bei der Dinomama und ging in den Garten. Wolli lief ihm aufgeregt nach.

Dann hob Poly ihn langsam auf seinen Rücken. „Was kommt denn nun?", fragte Wolli verwundert. „Gleich wirst du fliegen!", rief Poly. „Halt dich besser fest!"

Und schon waren sie in der Luft. „Ohhhh, Poly... das ist ja wunderbar! Ich fliieeege!", rief Wolli ganz aufgeregt. Wolli schaute sich um. Überall waren kleine Wolken und unten sah man ganz klein die Häuser!

„Poooly, das ist das Schööönste, was ich jemals erlebt habe!", rief der kleine Hamster ganz außer sich.

„Möchtest du zum Meer?", fragte der Dinojunge und Wolli machte einen Hüpfer auf dem Rücken von Poly und rief ein lautes „Ja!!!" in den weiten Himmel hinein.

Während sie zum Meer flogen, sah Wolli ganz viele kleine Vögel unter ihnen. Da waren Wälder und Wiesen und viele kleine Bäche. „Fliegen ist so schön", seufzte Wolli glücklich.

Er schloss die Augen und spürte den Wind in seinem Gesicht. Es war gut. Wolli dachte nicht daran, wie es am Meer wird oder was er gestern getan hatte. Da begann er zu riechen, wie die Luft roch. Wolli atmete tief ein. Dann begann er zu hören, wie die Luft klang: Wind.

Wolli spürte das alles. „Wenn ich Poly wäre, würde ich mich jetzt gelb verfärben vor Freude" dachte er. „Poly, das mit dem, äh... wie sagt man gleich? Ahja: mit dem im Moment sein. Das verstehe ich jetzt", rief der kleine Hamster. Kurz darauf verfärbte sich Poly grün.

„Das macht mich glücklich, Wolli", antwortete Poly. Plötzlich roch die Luft nach Salz. Es klang auch anders. Da konnte Wolli schon das Meer sehen. „Ohhh... sieh' nur, Poly."

Wolli hielt inne. Das erste Mal in seinem Leben sah Wolli das Meer.

Poly flog tiefer und bald hatten sie den Boden erreicht. „Alles aussteigen. Wir sind angekommen", sagte Poly, wie ein Pilot in einem Flugzeug.

Poly hob Wolli vorsichtig von seinem Rücken herunter. „Willkommen am Meer, lieber Wolli!", rief Poly.

Die beiden standen nun am Meer und guckten über das Wasser. Da sahen sie auf einmal einen Delphin aus dem Meer auftauchen! Und noch einmal sprang der Delphin aus dem Wasser. „Oooh... sieh' nur, Poly. Wie toll der springt!"
Die beiden Freunde setzten sich an den Strand. Sie sahen dem Delphin zu. Er tauchte immer wieder auf's Neue heraus aus dem Wasser auf. Auf einmal kam er zu den beiden hin geschwommen und machte ganz nah bei den beiden Freunden halt.

„Wer seid denn ihr zwei?", fragte der Delphin neugierig. Poly und Wolli stellten sich vor. „Wollt ihr mit mir hinausschwimmen und das Springen lernen?" Der Delphin lachte und machte klickende Geräusche.

Wolli blickte fragend zu Poly. „Aaalso, ich würde ja schon gerne, aber nicht heute. Ich ha-ha-habe etwas Angst", meinte Wolli leise.

„Ja, das kann ich gut verstehen. Wenn du Angst hast, dann magst du zuerst vielleicht nur zugucken, wie das geht", antwortete der Delphin.

Wolli schmiegte sich an Poly's Hals. Hier fühlte er sich geborgen und wohl. Langsam ging Poly Schritt für Schritt ins Wasser und der Delphin bewegte sich neben den beiden. Er hüpfte dann genau vor Poly aus dem Wasser und machte ganz viele Saltos. Der Delphin tauchte immer wieder unter und sprang danach ganz hoch in die Luft!
Dann tauchte er auf einmal ganz woanders wieder auf! Und dann war er plötzlich wieder neben ihnen. Kurz davor hatten sie ihn noch ganz weit weg gesehen.
„Ohhh... sieh' mal, wie schnell der Delphin ist! Das ist ein wahrer Küüüünstler!", staunte Wolli.

Auf einmal sprang der Delphin hoch über Poly und Wolli drüber. Die Freunde lachten. „Du kannst aber hoch springen!", rief Wolli.

„Ja, das macht richtig Spaß, kleiner Hamster!", rief der Delphin. „Gerne zeige ich es dir einmal, wenn du soweit bist. Nun schwimme ich wieder hinaus ins Meer.
Wenn ihr mich besuchen wollt, dann ruft mich gerne...
Dann komme ich bald wieder", rief der Delphin, bevor er davon schwamm.

Poly und Wolli sahen dem Delphin noch lange nach. Dabei verfärbte sich der Himmel von blau nach rosarot und orange.
Die beiden Freunde saßen nur so da und guckten den Himmel an. Dann sagte Wolli: „Ohhh, jetzt habe ich nur so hier gesessen und den Himmel angeguckt und an nichts anderes gedacht. Das meinst du also mit ‚im Moment sein‘, Poly!" Poly lächelte.
„Ja genau, Wolli, das ist Achtsamkeit!"
Als die Sonne fast untergegangen war, flogen sie wieder nach Hause. „Das war so ein schöner Tag, Poly. Und bald werden wir mal das Springen ausprobieren. So, wie es der Delphin gemacht hat", meinte Wolli ganz glücklich.
„Ja, das war ein schöner Tag heute, Wolli", sagte Poly.

KAPITEL 3:

Poly hat Geburtstag

„Ohhh Poly, ich habe sooo gut geschlafen." Wolli streckte sich ausgiebig. Poly lachte. „Ja, nach dem Ausflug zum Meer haben wir auch viel Schlaf gebraucht, mein lieber Freund", antwortete der Dinojunge.

„Was machen wir denn heute, Poly?", fragte Wolli und war schon bereit, den Tag zu starten. „Das kommt ganz darauf an", antwortete Poly.
„Wooorauf denn?" Wolli hatte ganz große Augen und guckte Poly gespannt an.
„Komm!", antwortete Poly und ging voraus. Wolli folgte dem Dinojungen aufgeregt.

„Überraschung!", rief die Dinomama aus der Küche und hielt einen riesengroßen, bunten Kuchen in den Händen.
„Ohhh... ist der Kuchen schön, Dinomama. Da bekomm' ich sofort Hunger!", rief Wolli voller Freude. Die Dinomama und Poly lachten. „Gleich gibt es ein Stück für alle. Heute ist nämlich Poly's Geburtstag!"

Die Dinomama strahlte und umarmte ihren Sohn. „Ohh, das wusste ich nicht", sagte Wolli.

„Ich werde Dir gleich ein Geburtstagslied singen."

Poly's Mama lachte: „Wir singen besser gleich zusammen ein schönes Geburtstagslied für Poly!" „Auja, das machen wir!", rief der kleine Hamster.

Und Wolli und die Dinomama sangen für Poly.

„So, ihr Lieben, und jetzt, Poly, kannst du die Kerzen auf dem Kuchen auspusten. Wünsch' dir was, mein Dinojunge!", sagte Dinomama.

Poly stand vor seinem Kuchen, schloss die Augen und lächelte.

Dann blies er die 9 Kerzen aus.

„Ohhh... Poly, was hast du dir gewünscht?", rief Wolli ganz aufgeregt.

Poly lachte, während sich sein ganzer Körper ganz violett verfärbte.

„Das kann ich doch nicht verraten, Wolli. Sonst geht es nicht in Erfüllung", antwortete der Dinojunge.

Wolli verschränkte die Arme vor seinem Körper. „Aber, wenn es in Erfüllung geht... dann kannst du es mir sagen, oder, Poly?" Poly umarmte ihn.

„Natürlich, mein lieber Wolli. Mein größtes Geschenk zum Geburtstag sind du, meine Mama und dass ich so viele schöne Momente habe."

Wann immer Poly sich violett verfärbte, fühlte er sich sehr dankbar.

Mit Freude aßen die drei Tiere den Kuchen und tranken Fruchtsaft. Wie schön ist es doch, Geburtstag zu haben, dachte Poly glücklich.

„Ich möchte dir etwas zeigen, Wolli", sagte Poly.

Daraufhin ging Poly langsam hinaus in den Garten. Der kleine Hamster folgte ihm blitzschnell.

„Komm', wir machen einen kleinen Ausflug", sagte Poly und hob den kleinen Hamster auf seinen Rücken. „Danke für alles, Mama, wir kommen abends zurück!", rief er noch zur Dinomama, bevor er mit Wolli auf dem Rücken losflog.

„Ohhh… was willst du mir denn zeigen, Poly?", rief Wolli und hüpfte oben auf dem Rücken von Poly auf und ab.

Poly lachte. „Das, mein lieber Freund. Diese wunderschöne Welt!"

Plötzlich landete Poly auf einem großen Stein mitten in den Bergen.

„Komm', Wolli!", sagte der Dinojunge und Wolli folgte seinem Freund. Dann setzte Poly sich hin und Wolli tat es ihm nach.

„Poly, sieh' nur... da ist ja alles! Berge, Tal, Seen!", staunte Wolli.

Er schaute zu Poly, der mit einem Lächeln die Landschaft ansah. Dabei hatte er seine Arme um seinen Körper geschlungen.

Plötzlich näherte sich ein großer Adler, der über den beiden Tieren seine Kreise zog.

„Ohhh... bitte nicht fressen, lieber Adler. Ich schmeeecke gar nicht gut", rief Wolli voller Angst.

„Keine Angst, Wolli. Solange ich da bin, passiert dir nichts." beruhigte ihn Poly.

Der Adler landete auf einmal neben dem Dinojungen. „Was macht ihr auf meinem Felsen?", fragte der Adler.

„Hallo, lieber Adler. Wir sind hier, um die schöne Landschaft zu genießen", sagte Poly ganz ruhig.

„Setz' dich zu uns, wenn du magst. Aaber bitte tu' mir nichts", stammelte Wolli.

Der Adler lachte. „Nein, ich habe schon gegessen heute", sagte er und Wolli atmete erleichtert aus.

Poly umarmte sich wieder und hatte den Blick auf das Tal gerichtet.

„Was macht der Dino denn da?", flüsterte der Adler verwundert zum kleinen Hamster.

„Aaalso, der genießt den Moment gerade. Das macht der immer so.

Wenn man sich selbst umarmt, dann heilt man sich und... äh, irgendwie auch noch was anderes.

Daher nennen ihn alle 'den achtsamen Dino'", antwortete Wolli leise.

„Hm, so einen Dinosaurier habe ich noch nie gesehen", meinte der Adler. „Meinst du, wir können das auch mal probieren?", fragte er dann den kleinen Hamster.

Wollis Augen wurden groß. „Ohhh... ja, warum nicht, lieber Adler. Komm', wir versuchen es einmal. Wenn wir uns umarmen, werden wir uns ganz glücklich fühlen."

So kam es, dass die drei Tiere in den Bergen saßen, sich selber umarmten und in die schöne Landschaft blickten.

„Poly hat heute Geburtstag", flüsterte Wolli dem Adler kurz darauf zu.
Da gratulierte auch der Adler dem kleinen Dinojungen.
Poly verfärbte sich wieder ganz violett und dachte bei sich, wie schön es doch ist, Geburtstag zu haben.

KAPITEL 4:

DER AUSFLUG IN DEN REGENWALD

Poly und Wolli saßen im Garten und schauten den Vögeln und Schmetterlingen zu.

„Ohhh... Poly, wie schön ist es heute!", rief Wolli voller Freude.

Es war Sommer und die beiden Freunde lachten, spielten und redeten im Garten von Poly. Der kleine Hamster saß im Gras und umarmte sich. Das hatte er von seinem Freund gelernt und es tat ihm so gut.

Poly lachte. „Das gefällt dir, lieber Wolli, stimmt's?" Der kleine Hamster nickte. Der Dinojunge hatte gemerkt, dass Wolli das Selber-Umarmen sehr genoss. „Hast du Lust, heute in den Dschungel zu fliegen?", fragte ihn Poly.

Da wurden die Augen von Wolli ganz groß und er sprang aus dem Gras auf. „Ohhh... Poly, daaas wäre wunderbar!", rief er begeistert. „Wo ist denn der Dschungel?", fragte er neugierig.

„Da fliegen wir über das Meer und dann in den Wald von Südamerika.

Dort sind viele Pflanzen, Bäume, Tiere und auch ein riesengroßer Fluss", erklärte Poly.

Wolli staunte. So weit waren sie noch nie geflogen. Auch war der kleine Hamster noch nie im Dschungel gewesen.

Kurz darauf hob ihn der Dinojunge auf seinen Rücken und schon flogen sie los!

Unter ihnen sahen sie das Meer und dann kleine Inseln, die mitten aus dem Wasser herausragten.

Wolli liebte es so sehr, auf dem Rücken seines Freundes zu sitzen und die Welt von oben zu sehen. Von hier sah die ganze Welt dort unten so klein aus.

Überall gab es etwas zu entdecken und zu sehen. Plötzlich sah er, wie sie sich einem riesengroßen Wald näherten.

„Ohhh... schau mal, Poly, da sind ja Schmetterlinge, die so groß sind wie ich!" rief Wolli aufgeregt.

Poly lachte. Blaue, riesige Schmetterlinge saßen vor ihnen auf den Blumen.

Poly landeten sanft neben ihnen im Gras.

„Hallo, ihr lieben Schmetterlinge, wir sind Poly, der achtsame Dino, und Wolli, der trollige Hamster."

Die Schmetterlinge staunten:

„Noch nie haben wir einen fliegenden Dinosaurier mit einem Hamster auf dem Rücken gesehen", sagten sie.
„Wollt ihr mit uns gemeinsam zum Fluss fliegen?"
Wolli nickte voller Freude. „Das wäre toll!", rief er und hüpfte aufgeregt auf Poly's Rücken auf und ab.

Die Schmetterlinge lachten und flogen hintereinander zum Fluss. Wolli staunte. Überall gab es Blumen, riesengroße Bäume und ganz viele Pflanzen, die er noch niemals gesehen hatte.

„Gebt acht auf die Schlingpflanzen. Da kommt ihr nicht mehr hinaus!" riefen die Schmetterlinge und der Dinojunge achtete sehr darauf, ganz vorsichtig durch die Landschaft zu fliegen.
„Ohh... waaas ist denn das eine, ähh, wie sagt man, eine Schlingpflanze?", fragte Wolli ängstlich.
„Das sind Pflanzen, die ganz hoch wachsen und in denen wir uns verfangen können. Aber keine Angst, wenn wir aufpassen, kann nichts passieren", antworteten die Schmetterlinge.

„Danke, liebe Schmetterlinge. Mir hilft es immer, ganz tief zu atmen. Dann passe ich viel mehr auf, weil ich dann ruhiger bin", sagte Poly.

Die Schmetterlinge lächelten. „Ohhh... das klingt interessant. Wie machst du das, Poly?" fragte der kleine Hamster neugierig.

Poly verfärbte sich hellgrün. „Da atme ich tief ein und dann ganz tief wieder aus. Ich fühle in meine Brust, dort, wo ich meinen Atem spüren kann. Dann werde ich viel ruhiger, etwas hellgrün und habe keine Angst."

Wolli staunte. Das wollte er auch probieren.

Als Wolli tief atmete, merkte er, wie gut das tat. Die Schmetterlinge lachten: „Jetzt wirst Du auch ein kleiner achtsamer Hamster!" Wolli nickte bescheiden und wurde etwas rot.

„Vielleicht", erwiderte er.

„Guckt mal, wir sind schon da!", riefen die Tiere auf einmal. „Während du tief geatmet hast, Wolli, sind wir bei den Schlingpflanzen vorbeigeflogen.

Siehst du, es geht alles ganz einfach, wenn wir ruhig sind,"
lachten die Schmetterlinge.

„Ohhh... das habe ich gar nicht gemerkt. Da waren schöne
Käfer und bunte Blumen und ich habe nur den Flug
genossen", meinte der kleine Hamster.

Noch nie hatte er so viele Pflanzen, Bäume und Blumen
nebeneinander gesehen. „Riech' nur, wie das hier duftet!",
rief Poly plötzlich.

„Das sind die Lilien. Wartet, bis wir am Fluss sind. Da gibt
es diese Blumen sogar auf dem Wasser", antworteten die
Schmetterlinge. Plötzlich hörten sie lautes Geplätscher und
sahen einen großen Fluss.

„Willkommen am Amazonas, liebe Freunde!", riefen die
Schmetterlinge. „Wir müssen aber bald weiter zur Hochzeit
vom kleinen Schmetterling. Wollt ihr mitkommen?", fragten
sie.

„Ohhhh... bitte, Poly, eine Hochzeit! Da können wir singen
und tanzen!", freute sich Wolli und tanzte im Kreis.

Poly lachte. „Wie kann man da nein sagen", antwortete er.

„Aber wir brauchen ein Geschenk für den kleinen Schmetterling", meinte Poly und dachte nach.
Die Schmetterlinge lächelten. „Ach, ihr seid Geschenk genug. Vielleicht könnt ihr eine Geschichte erzählen oder etwas singen auf der Hochzeit."

„Ohhh, ja... das machen wir gerne", rief Wolli. Kurz darauf flog der Dinojunge mit dem kleinen Hamster und den Schmetterlingen den Fluss entlang.
Bald sollten sie auf der Hochzeit des kleinen Schmetterlings tanzen und singen. Aber das ist eine andere Geschichte.

KAPITEL 5:

DIE HOCHZEIT DES SCHMETTERLINGS

O hhh... sieh' mal Poly, wie schön das leuchtet!"
Wolli blieb der Mund offen stehen.

Da waren sie inmitten des Regenwaldes und überall leuchtete es. Die Glühwürmchen hatten sich versammelt, um den Abend vor der Hochzeit vorzubereiten.

„Wisst ihr, die Hochzeit des kleinen Schmetterlings findet morgen statt", hatten ihnen die Schmetterlinge verraten.
„Heute bereiten wir alles vor, damit morgen alles wunderschön ist", meinten sie mit einem Lächeln im Gesicht.
„Wir müssen gaaanz leise sein, damit es eine, äh, wie sagt man, ahja, eine Überraschung wird für den kleinen Schmetterling." Wolli ging fast auf Zehenspitzen, damit er keinen Lärm verursachte.

Poly lachte leise. Plötzlich kamen noch mehr Glühwürmchen angeflogen und leuchteten hell und schön.
„Ohhh!" Wolli staunte und wollte in die Hände klatschen. Im letzten Moment erinnerte er sich aber, dass sie ja den kleinen Schmetterling überraschen wollten.

Auf einmal kamen ganz viele Tiere aus dem Dschungel hervor. Ihre Augen leuchteten in der Nacht.

Gemeinsam bereiteten die Tiere den Platz für die Hochzeit mitten im Wald vor. Sie hatten eine Decke, Kerzen, Blumen und kleine Stühlchen mitgebracht. Im Nu war der Ort zauberhaft gestaltet für die Hochzeit!

„Das ist wunderschön, da wird sich der kleine Schmetterling freuen!", sagte der Dinojunge, während er sich grün verfärbte.

„Nanu, du leuchtest zwar nicht... Aber du kannst deine Farbe ändern!", staunten die Glühwürmchen. Poly lachte leise, um den kleinen Schmetterling nicht zu wecken.

„Gute Nacht, ihr lieben Tiere. Wolli und ich schlafen jetzt, damit wir morgen viel tanzen können", sagte Poly leise und legte sich unter einen großen Baum.

Vorsichtig hob er den kleinen Hamster auf seinen Rücken und deckte ihn liebevoll mit einem großen Blatt zu. Wolli dachte aber noch gar nicht ans Schlafen.

„Schaaau Poly, da drüben leuchten die Glühwürmchen und oben über uns Millionen Sterne", flüsterte Wolli.

Seine Augen wurden ganz groß, das konnte Poly sogar noch im Dunkeln sehen. Immer, wenn sein Freund staunte, begeistert war oder sich besonders freute, wurden seine Augen größer.

Poly lächelte und gähnte. Kurz darauf schlief er ein. Wolli aber blieb noch lange wach. Er konnte sich einfach nicht satt sehen an den vielen, vielen Sternen.

Am nächsten Morgen wachten die beiden Freunde bei viel Lachen und Reden auf. Überall um sie herum hatten sich die Tiere des Waldes versammelt.

„Oohhh... sieh' nur, wie viele Tiere hier sind!", staunte Wolli und war sofort putzmunter.

Eine Eule begann auf einmal auf einer Geige zu spielen. „Pssssst!", raunte es durch den Wald. „Jetzt kommt das Brautpaar!"

Hinter den riesengroßen Lilien flogen zwei Schmetterlinge heraus. „Seht nur, wie glücklich sie sind!", rief der große Affe vom Baum herunter.

Die Eule spielte ein langsames Lied und alle Tiere des Waldes wurden ruhig.

Das Brautpaar flog auf eine große, weiße Blume, auf der sie landeten. „Hoch leben die beiden! Mögen sie glücklich sein!", riefen die Tiere fröhlich.

Dann spielten die Affen auf Trommeln und die Tiere tanzten vergnügt. „Ohhh... ich liebe den Dschungel!", rief Wolli entzückt und tanzte gemeinsam mit den anderen Tieren.

Plötzlich rief das Krokodil ganz laut: „Wer möchte für das Brautpaar etwas Besonderes sagen?"

Einige der Tiere kamen nach vorne, sagten ein paar schöne Worte und wünschten den beiden Schmetterlingen das Beste.

Als alle fertig waren, sagte das Krokodil: „Liebe Gäste, lieber Herr Dino und Herr Hamster, möchtet ihr auch etwas sagen?"

„Das würden wir sehr gerne, liebes Krokodil!", antworteten Poly und Wolli gleichzeitig. Dann gingen sie nach vorne auf den Redner-Platz:

„Liebe Hochzeitsschmetterlinge, liebe Tiere des Dschungels", begann der Dinojunge. „Zuerst möchten wir euch bitten, dass ihr kurz eure Hand auf euer Herz legt." Die Tiere schauten sich verwundert an. Was sollte das bedeuten?

„Wenn wir unsere Hand auf unser Herz legen, können wir kurz ruhig werden. Dann wünschen wir den beiden Schmetterlingen etwas für ihr gemeinsames Leben", erklärte Poly.

„Ihr könnt dabei die Augen schließen und den beiden etwas wünschen." Alle Tiere versuchten es. „Ohhh... das ist ja sooo schön. Danke, dass ihr alle mitmacht!", sagte Wolli. Er schloss die Augen, atmete tief ein und legte dabei seine Pfoten auf sein Herz.

„Soooo, liebe Tiere; sagt aber nichts. Denn sonst gehen die Wünsche nicht in, äh... wie sagt man... in Erfüllung", sagte Wolli.

Die Tiere lachten und die Hochzeitsschmetterlinge kamen zu Wolli und Poly geflogen und bedankten sich.

So kam es, dass die beiden Schmetterlinge ganz, ganz viele Wünsche für ihr Leben bekamen.

Poly, Wolli und die Tiere des Dschungels tanzten und sangen noch bis spät in die Nacht. Der kleine Hamster hüpfte und tanzte so viel, dass er später ganz erschöpft ins Gras fiel.

„Daaas war aber schön, Poly. Das mit den Wünschen war wirklich toll", meinte Wolli dann. „Ja, lieber Wolli. Aber deine Tanzsprünge brachten alle zum Lachen", sagte Poly. Kurz darauf schliefen die beiden neben den vielen, vielen Glühwürmchen ein.

KAPITEL 6:

ERHOLUNG IM DINOGARTEN

Ohhh... das war sooo eine schöne Hochzeit im Dschungel!", rief Wolli begeistert, als sie wieder zu Hause bei Poly ankamen.

Poly lachte. „Ja, mein lieber Freund. Das Tanzen hat dir gefallen!"

Der kleine Hamster war der Hit gewesen auf der Hochzeit. Er tanzte so viel und wild, dass alle anderen Tiere eine Freude hatten.

Wolli ging seitdem etwas langsamer als sonst. „Alles tut mir weh, Poly", stöhnte Wolli und ließ sich ins Gras im Dinogarten fallen.

Poly kniete sich zu ihm und massierte ihn sanft an den Armen. „Ohhh... das tut gut, Poly."

Wolli genoss es sehr. „Diese äh, wie sagt man, ahja, Massage ist fein." Der kleine Hamster hatte die Augen geschlossen.

„Heute machen wir einen Ruhetag, Wolli", sagte Poly zu seinem Freund. Wolli schnaufte laut. „Hmmm... ruhen... hmmm."

Plötzlich krabbelte etwas auf ihm. Wolli sprang auf und schüttelte sich. „Auuu... was war das denn?" rief er, während er sich schüttelte. Poly lachte. „Das sind Ameisen, die tun dir nichts."

Wolli wollte sich aber nicht mehr ins Gras legen. „Wer weiß, vielleicht krabbelt dann wieder irgendetwas auf mir herum", dachte er.

„Wenn du magst, zeig' ich dir etwas, das dir hilft bei Schmerzen", meinte Poly und schaute seinen kleinen Freund mit einem lachenden Gesicht an.

„Ohhh... ja, dann kann ich selbst etwas tun gegen meine Schmerzen?", fragte Wolli neugierig. Poly nickte schnell und verfärbte sich ganz weiß.

„Ja, wenn wir uns selbst Gutes tun, dann gehen auch oft unsere Schmerzen weg. Wir müssen nur wissen, was wir tun können." meinte der Dinojunge.

„Duuu bist ja ganz weiß, Poly. Das habe ich noch nie gesehen!" staunte Wolli und seine Augen wurden ganz groß.

„Ja, immer wenn ich über Gesundheit und Gesund-Werden spreche, werde ich weiß", antwortete Poly.

„Also, Wolli. Bist du bereit?", fragte er dann. Der kleine Hamster nickte eifrig und schnell.

Da ging Poly zu dem großen Baum im Garten. Es war genau der Baum, an dem sich die beiden Freunde das erste Mal begegnet waren.

„Ohhh... Poly, genau hier bin ich doch vor deine Füße gefallen", lachte der kleine Hamster. „Ja genau Wolli. Darüber bin ich sehr froh, denn seitdem habe ich einen besten Freund."

Dann umarmte Poly den dicken Baumstamm des Baumes. „Das nenne ich Auftanken in der Natur. Bäume sind wichtig für uns. Wir können sie umarmen und dabei auftanken. Sie geben ganz viel Ruhe und Kraft."

Der kleine Hamster überlegte. „Duuuu, Poly, wir können durch das Umarmen dem Baum auch etwas zurückgeben, oder?"

Poly lächelte. „Es ist immer ein Geben und Nehmen. Das ist das Schöne."

Dann umarmte auch Wolli den Baumstamm und fühlte die Kraft des dicken Baumes.

Danach setzten sich die beiden ins Gras und saßen noch etwas unter dem Baum. Sie lachten und unterhielten sich. Später beobachteten sie, wie die Sonne langsam unterging. Dabei redeten sie nicht. Sie sahen einfach der Sonne zu, wie sie langsam verschwand. „Ohhh... das ist schööön! Poly... es tut gut, manchmal einen Ruhetag zu machen", meinte Wolli.

Dann dachte er kurz nach. „Ja, so ein Ruhetag ist schön. Aber ich freue mich schon jetzt auf unser nächstes Abenteuer, Poly."
Der Dinojunge lachte und verfärbte sich von weiß zu grün und dann wieder gelb.
„Ja, morgen können wir wieder losfliegen. Manchmal tut es aber gut, einfach nur unter einem Baum zu sitzen", meinte der Dinojunge glücklich.

KAPITEL 7:

EINE REISE IN DEN ZAUBERWINTER

Der kleine Hamster sprang aufgeregt von seinem Kissen. Ganz leise schlich er aus dem Zimmer. Denn er wollte Poly auf keinen Fall wecken.

Plötzlich streckte sich der Dinojunge und öffnete seine Augen. „Guten Morgen, Wolli", sagte er schläfrig.

„Ohhh... wie gut, dass du wach bist, Poly. Ich freue mich ja schon so auf unser Abenteuer", rief Wolli aufgeregt.

„Heute mag ich so gar keinen, ähhh... wie sagt man... ahja, Ruhetag machen, Poly."

Der Dinojunge lachte und hob den kleinen Wolli auf seinen Rücken. „Sag mal, Wolli. Hast du schon einmal Schnee gesehen?" fragte Poly den kleinen Hamster.

Wolli's Augen wurden ganz groß und er rief ganz aufgeregt: „Nein, ich habe noch niiiiee Schnee gesehen. Ja, lass' uns zum Schnee reisen, Poly!" Poly lachte.

„Dann wird es Zeit, lieber Wolli. Wir fliegen zum Schnee!"

Bevor der kleine Hamster noch etwas sagen konnte, hob der Dinojunge ihn schon auf seinen Rücken.

Die beiden Freunde flogen und flogen.

Dieses Mal reisten sie sehr lange und weit, bis sie glücklich und müde in einem Land des Schnees ankamen.

„Ohhh... sieh nur, Poly, hier ist es ja alles ganz weiß", staunte Wolli. „Brrrr... der Schnee ist aber kalt." Der kleine Hamster schüttelte sich.

Daraufhin zog Poly langsam etwas aus dem Rucksack, den er mitgenommen hatte.

„Ja, mein lieber Freund. Daher habe ich dir eine kleine Jacke eingepackt." Wolli's Augen wurden ganz groß, als Poly ihm die Daunenjacke entgegenhielt.

„Oh, das ist ja so aufmerksam von dir, Poly. Da werde ich nicht, äh... wie sagt man... frieren", meinte er glücklich.

Plötzlich hörten sie ein lautes Rufen. „Hilfe, Hilfe!" klang es aus der Ferne. Poly und Wolli flogen schnell dahin, woher sie das Rufen hörten.

„Ohhh... du bist ja ganz weiß, liebe Eule. Hat dich der Schnee so gefärbt?", rief Wolli verwundert.

Poly landete sanft neben der großen Eule. „Was fehlt dir denn, liebe Eule?", fragte der Dinojunge.

„Ich habe mir einen Flügel verletzt. Jetzt kann ich nicht mehr fliegen", stöhnte die Schnee-Eule vor Schmerzen. „Oh, was machen wir denn da?", fragte Wolli besorgt. „Lass' mich mal nachdenken", sagte Poly.

Er sah die Eule an und hob langsam ihren Flügel leicht an. „Stell' dir vor, dass dein Flügel ganz leicht wird und gesund ist, liebe Eule", sagte Poly dann und hob die Eule auf seinen Rücken. „Wir fliegen gemeinsam zu einem Arzt und der kann dir helfen", sagte er dann.
„Danke dir, Dino. Die Ärztin ist weiter oben, in der Holzhütte." Die drei Tiere flogen durch den Schnee.

Überall war es weiß und Wolli dachte, dass es aussieht wie ganz viel Puderzucker. Die Eule zeigte Poly den Weg.
Auf einmal sahen sie eine kleine Hütte, aus der aus einem Schornstein ganz viel Rauch aufstieg.
Da öffnete sich die knarrende Tür der Holzhütte vor ihnen. Heraus kam eine sehr alte Frau.
Poly landete sanft auf dem Schnee vor der Holzhütte.
„Nanu, was macht ihr denn hier?", fragte die alte Frau erstaunt.

„Also, ich bin Wolli, der trollige Hamster und das ist mein Freund Poly, der achtsame Dino. Die Schnee-Eule hat sich verletzt. Kannst du ihr helfen?", fragte Wolli.

Die alte Frau nickte. Dann deutete sie den Tieren, ihr in die Holzhütte zu folgen.

Es roch nach Kräutern und Blumen. „Ohhh... sieh' nur Poly, da ist ein Kessel mit heißem Wasser", rief Wolli aufgeregt.

Die alte Frau lachte. „Das ist Medizin."

Dann schaute sie zur Schnee-Eule und reichte ihr eine Tasse davon. „Trink, Schnee-Eule. Das wird dir guttun."

Schluck für Schluck trank die Eule das heiße Getränk.

„Das ist eine Super-Medizin. Die heilt alle Tiere sehr schnell", erklärte die alte, kleine Frau.

Poly verfärbte sich weiß und gelb. „Nanu, du änderst deine Farbe, Dino? Das habe ich noch nie gesehen."

Wolli lachte und rief: „Jaaa, mein Freund ist ein ganz besonderer Dino. Immer, wenn er sich freut, wird er gelb. Uuund wenn er gerade jemandem helfen möchte, dann wird er weiß", erklärte der kleine Hamster.

Poly lachte. „Ja, das stimmt..."

Die Schnee-Eule hatte alles ausgetrunken. Plötzlich konnte sie den Flügel wieder ganz normal bewegen.

„Danke, liebe Ärztin. Du hast mich geheilt", sagte sie. „Jetzt kann ich wieder zurück fliegen zu meiner Familie." Die Schnee-Eule umarmte die alte Frau und bedankte sich bei Poly und Wolli.

Auch die beiden Freunde umarmten sie und verabschiedeten sich von der altern Frau.

„So und jetzt möchte ich noch den Schnee anfassen", meinte Wolli dann zu Poly. Er fasste mit seinen Pfoten auf den Boden. „Brrr... ist das kalt!", rief er.

Die beiden Freunde setzten sich auf eine Bank, die in der Nähe der Hütte stand und schauten den Schneeflocken zu.

„Ohhh... das ist schön, Poly. Ich glaube, ich gucke dem Schnee gerne zu, aber anfassen möchte ich ihn heute nicht mehr", meinte Wolli dann. Poly lachte.

Sie blieben noch etwas sitzen, bevor es zu kalt wurde. Dann beschlossen Sie, wieder heimzufliegen.

Dort wartete schon das nächste Abenteuer auf sie. Aber das ist eine andere Geschichte.

KAPITEL 8:

Das Abenteuer in der Wüste

Wach auf, Poly, wir gehen heute auf Reisen!", rief Wolli ganz aufgeregt. „Nanu, Wolli, wie spät ist es denn?" Poly war verblüfft, dass die Nacht schon vorbei sein sollte. Müde rieb er sich seine Dinoaugen. „Ich habe meine Tasche schon gepackt: Nüsse, Wasser, Kugelschreiber und Papier. So bin ich, äh... wie sagt man... vorbereitet. Jawohl!" Stolz streckte Wolli Poly seine Tasche entgegen. Poly musste lachen.

Auch wenn er noch so müde war, freute er sich immer auf ein neues Abenteuer mit seinem Hamster-Freund.

„Ohhh Poly, du bist schon wieder ganz gelb", rief Wolli laut. Denn immer, wenn sich Poly besonders freute, wurde er ganz gelb.

„Poly, Wolli! Ich habe euer Frühstück vorbereitet!", rief die Dinomama aus der Küche. Die beiden Freunde ginge zu Polys Mama und aßen Gemüse, aßen ein paar Nüsse und tranken Saft.

„Sag' mal, Wolli, wohin reisen wir denn heute?", wollte Poly von dem kleinen Hamster wissen. Wolli dachte nach.

Den Schnee hatten sie gesehen. Sie waren auch schon am Meer und im Dschungel.

Dann hatte er eine Idee: „Ohhh...! Ich möchte in die, äh...

wie sagt man... ah ja: in die Wüste! Genau. Da fliegen wir hin", sagte Wolli ganz laut und nickte dabei.

Poly lachte. „So, du möchtest in die Wüste. Da ist es aber sehr heiß, mein lieber Freund." Wolli schluckte. Dann aber erwiderte er: „Jawohl, Poly. Wir fliegen in die Wüste." Nach einer kurzen Pause meinte er dann: „Aber wenn es ganz heiß ist, dann können wir ja ganz schnell wieder heimkommen." Poly lachte.

Kurz darauf waren die beiden schon in der Luft und Wolli spürte den Wind auf dem Rücken seines Freundes, wie er um seine Hamster-Nase wehte. Wie schön war das Fliegen! Dieses Mal flogen die beiden Freunde über riesengroße Flächen nur aus Sand. Es waren nur ein paar kleine Palmen zu sehen, aus der Höhe. Ansonsten gab es nur Sand, soweit Wolli schauen konnte.

„Ohhh... das ist ja einfach unglaublich!", rief der kleine Hamster aufgeregt. Poly flog eine große Kurve und landete kurz darauf sanft mitten in der Wüste, irgendwo im Sand. „Gut, dass ich den, äh... wie sagt man... den Rucksack mit Essen und Trinken mithabe. Hier gibt es ja gar nichts, Poly!", staunte der kleine Hamster.

Poly stand mit geschlossenen Augen und ganz ruhig vor

ihm. „Spür' nur, Wolli, wie heiß die Erde unter uns ist. Das hat eine Kraft."

Wolli schaute verwundert seinen Freund an. Plötzlich sah er, wie sich Poly auf einmal ganz bunt verfärbte. „Ohhh… du kannst ja auch bunt wie ein Regenbogen werden!", rief der kleine Hamster. Poly lächelte, behielt aber seine Augen geschlossen.

„Wenn ich die Kraft der Erde spüre, fühle ich alles gleichzeitig, Wolli. Da ist Freude, Dankbarkeit, Gesundheit, Liebe, Vertrauen", sagte Poly und irgendwie schaute er dabei so glücklich aus, dachte Wolli.

Auf einmal stand ein Fuchs neben den beiden Freunden. „Nanu, wir haben dich gar nicht kommen gehört! Bitte tuuuu mir nichts, lieber Fuchs", sagte Wolli zitternd. Der Wüstenfuchs schüttelte den Kopf.

„Nein, ich habe schon gegessen, heute. Hier in der Wüste hört man jedes Geräusch. Ich habe gelernt, ganz leise zu gehen. Dann hört man mich nicht. Das hilft mir bei der Futtersuche", entgegnete der Wüstenfuchs. „Dich habe ich gehört, kleiner Hamster. Daher war ich neugierig und bin gekommen."

Poly hatte die Augen noch immer geschlossen und war bunt wie ein Regenbogen. „Der hat ja alle Farben. Was macht der Dino denn da?", fragte der Wüstenfuchs. „Er spürt die Erde", entgegnete der kleine Hamster.

„Wollen wir das auch mal probieren, lieber Fuchs?", fragte Wolli ganz leise. „Was muss ich denn da tun?", sagte der Wüstenfuchs. Poly lächelte. „Schön, dass ihr das auch probieren wollt. Zuerst einmal ist es gut, wenn ihr nicht redet.

Dann schließt eure Augen und spürt den Sand unter euch. Atmet ganz normal ein und aus", erklärte er den beiden.

„Das ist alles?", fragte der Wüstenfuchs erstaunt. „Hmmm... dann bin ich jetzt... gaaanz leise", sagte der kleine Hamster. So kam es, dass die drei Tiere ein paar Minuten lang still mitten in der Wüste standen und die Erde unter ihren Füßen spürten. Wolli war der Erste, der wieder die Augen öffnete: „Ohhh...! Ich glaube, ich habe genug gespürt. Jetzt will ich noch etwas weiter über die Wüste fliegen!", rief er.

Poly lachte. Dann öffnete er die Augen. Die beiden Freunde verabschiedeten sich von dem Wüstenfuchs.

Dann begannen sie ihren Flug. Sie flogen noch eine Weile über die Wüste. Wolli sollte noch lange von dem ganzen Sand träumen. Still verabschiedete er sich von dieser Landschaft. „Ich komme wieder", sagte er ganz leise.

Dann flogen sie wieder nach Hause.

KAPITEL 9:

Der Ausflug zu den hohen Bergen

Ohhh… die Wüste ist schon sehr schön, Poly." Wolli träumte auch in dieser Nacht von der endlosen Weite aus Sand. Der Ausflug in die Wüste hatte dem kleinen Hamster sehr gefallen.

„Aaaber weißt du, Poly, eigentlich ist es überall schön. Mir gefällt es am Meer, im Dschungel, hier bei dir zu Hause und in der Wüste. Alles ist schön, wenn wir gemeinsam unterwegs sind", meinte Wolli beim Frühstück. Poly lachte. „Ja, es ist jeder Moment schön, wenn man ihn genießen kann. Wir können uns überall wohlfühlen, stimmt's, mein Freund?"

Poly aß ganz langsam und trank immer nur einen Schluck von seinem Saft auf einmal. Wolli hatte schon längst fertig gegessen und schaute den Dinojungen erwartungsvoll an.

„Wohin fliegen wir denn heute?", wollte Wolli wissen. Poly lächelte. „Hm, wie wäre es mit einer Reise in die Berge?"

Dabei dachte Poly an die hohen Berge von Peru. Das Land hatte er vor vielen, vielen Jahren besucht. Wolli würde es bestimmt gefallen.

„Ohhh… das klingt gut. Ist äh… wie heißt es… ist Peru weit weg?", wollte der kleine Hamster wissen. „Ja, da fliegen wir schon etwas länger. Über das Meer, dann noch über den Dschungel drüber und dann sind wir da", antwortete Poly.

„Aaalso sehen wir dann keine Wüste?", fragte Wolli. Poly lachte. „Nein, dieses Mal sehen wir keine Wüste. Aber wir können ja ein anderes Mal nochmal wieder zur Wüste fliegen, wenn du magst." „Ohhh... ja bitte, Poly", erwiderte der kleine Hamster schnell.

„Alle einsteigen und Platz nehmen", lachte Poly kurz darauf und hob Wolli auf seinen Rücken. Schon begannen die beiden Freunde ihren Flug. Nach einiger Zeit flogen sie über das Meer. Dann flogen sie über den Dschungel.

„Da unten sind irgendwo die blauen Schmetterlinge und die Krokodile, Poly", freute sich der kleine Hamster. Sie kamen bei Trompete spielenden Schweinen vorbei und bei trommelnden Affen. Dann sahen sie plötzlich ganz hohe Berge.

„Sieh' mal, Wolli, das sind die Berge von Südamerika." Wolli blieb der Mund offen stehen. „Ohhh... so hohe Berge habe ich noch nie gesehen, Poly."

Vor ihm waren so riesengroße Berge, dass der kleine Hamster aus dem Staunen nicht mehr herauskam. Dann flogen die beiden Freunde durch ein Tal hindurch. Dort sahen sie ganz viele Lamas.

Poly landete kurz darauf sanft auf der Wiese, neben einigen der Lamas. „Nanu, wer seid denn ihr?", fragte eines der Tiere neugierig. Dabei spuckte das Lama immer wieder neben Poly und Wolli. „Aaalso ich bin Wolli, der trollige Hamster und das ist Poly, der achtsame Dino", stellte sie der kleine Hamster vor.

Das Lama schaute Poly lange an. Da wurde der Dinojunge plötzlich ganz braun. Das Lama schaute ihn an, kaute aber weiter am Gras. Dabei spuckte es immer wieder etwas neben Poly aus. „Ohhh... was bedeutet das, wenn du braun wirst, Poly?", fragte der kleine Hamster ungeduldig.

„Das Lama ist sehr traurig", antwortete Poly. Da hörte das Lama auf einmal auf zu kauen und zu spucken. „Aber ich habe doch gar nichts gesagt. Woher weißt du das?", fragte das Lama erstaunt.

Poly schaute das Lama an. „Du hast so traurige Augen, liebes Lama." Der kleine Hamster schaute von Poly zum Lama. Dann hatte er eine Idee.

„Ohhh... da hilft es, wenn du dich selbst umarmst. Das zeige ich dir." Wolli setzte sich eifrig ins Gras und umarmte sich. „Siehst du? Dann hat man sich selbst gerne. Das tut guuuuut", sagte Wolli.

Poly lachte. „Das probiere ich", meinte das Lama. „Vorher möchte ich dich aber gerne noch umarmen, Lama", sagte der Dinojunge. Da kullterten zwei dicke Freudentränen über die Wangen des Lama. „Du bist wirklich achtsam", sagte das Lama leise. Wolli freute sich sehr, dass er dem Lama helfen konnte.

So kam es, dass Poly und Wolli das Lama gleich beide umarmten. Um sie herum waren überall die wunderschönen Berge. „Spürst du die Kraft dieser Berge, Wolli?", fragte der Dinojunge.

„Ohhh ja, ich könnte hier ganz lange stehen und sie bewundern", meinte Wolli und seine Augen wurden ganz groß. Ganz oben auf den Bergen lag sogar noch Schnee.

„Ohhh... sieh' nur Poly, da oben ist vielleicht eine Schnee-Eule" meinte Wolli. Die beiden Freunde bewunderten die hohen Berge von Peru. Weißt du, Wolli, in den Bergen ist die Luft immer so frisch. Das tut gut, findest du nicht?" Poly atmete tief ein und aus. Der kleine Hamster machte es ihm nach.

„Ohhh ja, das ist so schön, wenn wir, äh, wie sagt man, ah ja, Kraft tanken können." Da es bereits spät war, beschlossen die beiden Freunde, wieder nach Hause zu fliegen. „Mach's gut, liebes Lama!", rief Wolli und winkte zum Abschied, als er mit Poly bereits in der Luft war.

KAPITEL 10:

ZURÜCK BEI DEN DELPHINEN

Poly und Wolli genossen ihr Frühstück im Dinohaus. Heute morgen bemühte sich Wolli, ganz langsam zu essen. So wie es sein Freund Poly immer tat. „Ohhh... sieh' nur Poly, ich esse schon fast so langsam wie du", rief er aufgeregt. „Heute brauchen wir eine gute Stärkung. Wir haben viel vor!", meinte der Dinojunge dann.

Wolli's Augen wurden ganz groß. Noch mit einem Bissen im Mund sprang er von seinem kleinen Sessel auf. „Ich bin schon bereit, Poly. Wir können losfliegen!" Poly lachte.

„Willst du gar nicht wissen, wohin wir heute reisen?", fragte er. Wolli überlegte. „Hmmm... schon, aber heute will ich mich überraschen lassen", sagte er.

„In Ordnung", sagte Poly. Er hob den kleinen Hamster langsam auf seinen Rücken.

Schon kurz darauf flogen sie bereits über Bäche, Wiesen, Felder und Wälder. Dann sahen sie das Meer.

Rund um sie herum war Wasser und auf einmal...: Siehe da! Dort tauchte wieder eine Gruppe von Delphinen auf.

Sie sprangen aus dem Wasser und tauchten wieder unter. Kurz darauf landete der Dinojunge am Strand. Die Delphine waren auf einmal so nahe.

Wolli blieb der Mund offen stehen. Das sah so schön aus. „Ohhh... das ist ja, ähh... wie sagt man... ahja, unglaublich, Poly!" Wolli konnte die Delphine fast anfassen.

Dann sah Wolli, dass Poly ganz blau war... wie das Meer. „Blau ist die Farbe des Mutes, lieber Freund", sagte der Dinojunge. „Aaaber du bist doch immer mutig, Poly", antwortete Wolli verwundert.

Poly lachte. „Nein, überhaupt nicht. Manchmal brauche ich auch Mut, lieber Wolli, um Neues auszuprobieren." Wolli staunte. Sollte er heute das Springen mit den Delphinen wagen? Als sie das letzte Mal am Meer waren, hatte er Angst gehabt.

„Meinst du, ich könnte auch etwas blau werden, Poly?", fragte Wolli und musste lachen. „Wenn ich blau werde, daannn bekomme ich keine Luft mehr", lachte der kleine Hamster.

„Bitte werde nicht blau, Wolli. Aber Mut kannst du haben. Das können wir alle", meinte Poly.

Da kamen mehrere Delphine angeschwommen und begrüßten Wolli und Poly. „Komm', kleiner Hamster, spiel' mit uns im Meer!", riefen sie ihm zu und machten Sprünge im Wasser.

Poly nickte Wolli aufmunternd zu. Auf einmal spürte Wolli alles, was er die letzten Monate gelernt hatte. „Du kannst das, Wolli!", sagte er zu sich selbst. Dabei umarmte er sich ganz fest.

Danach atmete er ganz tief ein und wieder aus. Wolli stellte sich vor, dass er Mut einatmete und Angst wieder ausatmete. Der kleine Hamster schaute auf das Wasser. Er sah die Delphine hüpfen.

Dann schloss er die Augen und stellte sich vor, dass er es schafft. „Ohhh... Poly, ich kann es!
Alles, was ich durch dich gelernt habe, merke ich jetzt!", rief Wolli überglücklich.
Wolli fühlte sich gestärkt und sicher. Poly lachte vor Freude und verfärbte sich grün, gelb und wieder blau. Plötzlich hallte ein riesiges „Juchuh!!" quer über das Wasser.

Poly traute seinen Augen kaum: Da sprang ein Delphin, auf dessen Rücken der kleine Hamster stand.
Wolli jubelte, denn er hatte seine Angst besiegt. „Schau‚ Poly, ich springe!", schrie er begeistert, bevor der Delphin mit ihm kurz unter Wasser tauchte.

Wolli hielt sich an der Flosse des Delphins fest. Kurz darauf tauchten sie wieder auf und sprangen hoch in die Luft! Wolli lachte und schrie vor Freude. Poly lachte und freute sich mit dem kleinen Hamster.

Da tauchte auf einmal ein riesiger Buckelwal neben ihnen auf. Er winkte mit seiner Flosse und tauchte dann wieder unter.

„Ohhh... das ist das Lustigste, was ich jemals gemacht habe!!", rief Wolli.

Da sprang der Delphin mit ihm noch ein paar Mal ganz hoch in die Luft. Poly sah ihnen zu und sein ganzer Körper verfärbte sich violett.

Er war zutiefst dankbar für die Freundschaft mit Wolli. Sie hatten so viele schöne Momente zusammen.

Der Dinojunge war glücklich. Eine Freudenträne kullerte über die Wange von Poly.

Liebe Eltern, liebe Kinder,

Wir hoffen, dass Ihnen dieses Buch gefällt
und Freude bereitet.

Wenn dem so ist, würden wir uns über eine kurze
positive Rezension auf Amazon.de freuen.

Falls Sie Kritik oder Anregungen haben,
schreiben Sie uns gerne eine Mail an:
Schreiben@Sinn-und-Unsinn.org

Wir freuen uns über Ihr Feedback!

Ihr Verlag
Sinn und Unsinn – Kinderbücher

Illustrationen: Asri Nur Kartika
Coverstaltung: Ancutici Kommunikationsdesign

Impressum:

Sinn und Unsinn Kinderbücher
Chan 43 Yaek 26
Bangkok 10120
Thailand

Schreiben@Sinn-und-Unsinn.org